Marlene Fritsch / Joachim Seibel

DIE WIMMELN, DIE RÖMER!

Als Trier noch Treveris hieß

Paulinus Verlag

Liebe große und kleine Leser, liebe RÖMER- und TRIER-FANS,

stellt euch einmal vor, ihr würdet zur Zeit des römischen Kaisers Konstantin II. leben, als dieser in Trier seinen Sitz und Hof hatte und von hier aus über sein Reich herrschte. Das war so um das Jahr 330 nach Christus. Das findet ihr schwierig?

Vielleicht wird es einfacher, wenn ihr euch mit CLAUDIUS, seinem Onkel GAIUS und und seinem Vater TITUS auf den Weg macht. Die drei wohnen außerhalb der Stadt, an der großen Römerstraße, die gut bewacht und gesichert ist, und wollen mit ihrem Karren in die Stadt zum Einkaufen. CLAUDIUS ist ein Lausbub und hat eigentlich nur Unsinn im Kopf – genau wie Lausbuben heute! Er büchst seinen Verwadten immer wieder aus und würde die Stadt am liebsten ganz allein erkunden ...

Mit den dreien könnt ihr durch jede Seite des Buches spazieren, aber ich bin gespannt, ob ihr sie auch immer entdeckt – bei dem Gewimmel! Lasst euch von ihnen mit auf einen Spaziergang durch Treveris – so hieß Trier zu dieser Zeit – nehmen. Schaut euch gemeinsam an, was es damals zu entdecken gab – und auch heute noch zu sehen ist. Da wäre einmal die Porta Nigra, das große römische Stadttor, und dann die Basilika, die damals noch eine Palastaula war, in der der Kaiser seine Gäste und Bittsteller und all die anderen Menschen empfing, die etwas von ihm wollten. Außerdem gehen wir zusammen in die Kaiserthermen, wir plantschen und schwimmen zusammen und ruhen uns auch ein bisschen aus.

Dann schauen wir uns das Amphitheater an – was ging es da hoch her! Wilde Tiere und wilde Menschen, die miteinander kämpfen mussten, und noch mehr, die dem ganzen Spektakel zugeschaut haben. Wir besuchen die Handwerker in ihren Werkstätten und staunen, was sie herstellen konnten und wie kunstvoll es war. Und schließlich gehen wir zum Moselufer und schauen, was alles damals schon per Schiff in die Stadt kam: unterschiedlichste Waren und Menschen aus dem ganzen römischen Reich!

Vielleicht entdeckt ihr auf den Bildern ein paar Sachen, die es bei den Römern sicher noch gar nicht gab oder nicht ganz alltäglich waren. Aber unser Zeichner JOACHIM SEIBEL ist fast so ein Lausbub wie CLAUDIUS und hat es sich nicht nehmen lassen, jedem aus seinem „Bilderpersonal" sein ganz eigenes Leben einzuhauchen und euch mit seinen Ideen zum Lachen zu bringen.

Ich wünsche euch jedenfalls viel Spaß beim Wimmeln und Suchen, beim Entdecken und Finden und auch beim Schmunzeln und Lachen!

Wenn ihr genau hinschaut, sind aber nicht nur CLAUDIUS, GAIUS und TITUS
auf jedem Bild unterwegs.

Es gibt da auch noch einen Tunichtgut – LUCIUS, der Dieb.
Er findet immer etwas, das er mitnehmen kann,
wenn gerade keiner hinschaut.

Und dann haben wir noch MARCUS, den Graffitikünstler.
Er malt einfach schrecklich gern, und was kann er schon dafür,
dass nicht alle es schön finden?

Habt ihr LUCIUS, den Dieb, auf allen Seiten entdeckt?

Unseren CLAUDIUS mit seinem Vater TITUS und seinen Onkel GAIUS gefunden?

Und MARCUS, den Graffiti-Künstler, beim Malen erwischt?

Falls nicht: Hier findet ihr die Auflösung für jede Seite!

S. 6/7: An der RÖMERSTRASSE

S. 8/9: Das Stadttor – PORTA NIGRA

S. 10/11: Auf dem MARKT

S. 12/13: Die BASILIKA

S. 14/15: In den KAISERTHERMEN

S. 16/17: Im AMPHITHEATER

S. 18/19: Bei den HANDWERKERN

S. 20/21: Am MOSELUFER

Bibliografische Information der Deutschen Nationalbibliothek
Die Deutsche Nationalbibliothek verzeichnet diese Publikation
in der Deutschen Nationalbibliografie; detaillierte bibliografische
Daten sind im Internet unter http://dnb.dnb.de abrufbar.

1. Auflage 2019
Alle Rechte vorbehalten
© 2019 Paulinus Verlag GmbH, Trier
Illustration: Joachim Seibel
Gesamtherstellung: Paulinus Verlag GmbH, Trier
Hergestellt in Deutschland
ISBN 978-3-7902-1963-0
www.paulinus-verlag.de